BEI GRIN MACHT SICH IHR WISSEN BEZAHLT

AF167980

- Wir veröffentlichen Ihre Hausarbeit,
  Bachelor- und Masterarbeit

- Ihr eigenes eBook und Buch -
  weltweit in allen wichtigen Shops

- Verdienen Sie an jedem Verkauf

Jetzt bei www.GRIN.com hochladen und kostenlos publizieren

NoSQL Datenbanken. Merkmale und Hintergründe der Entstehung dieses Datenbanktyps

Lukas Wenger

Bibliografische Information der Deutschen Nationalbibliothek:

Die Deutsche Nationalbibliothek verzeichnet diese Publikation in der Deutschen Nationalbibliografie; detaillierte bibliografische Daten sind im Internet über http://dnb.d-nb.de abrufbar.

ISBN: 9783346878359
Dieses Buch ist auch als E-Book erhältlich.

© GRIN Publishing GmbH
Trappentreustraße 1
80339 München

Druck und Bindung: Books on Demand GmbH, Norderstedt Germany
Gedruckt auf säurefreiem Papier aus verantwortungsvollen Quellen

Das vorliegende Werk wurde sorgfältig erarbeitet. Dennoch übernehmen Autoren und Verlag für die Richtigkeit von Angaben, Hinweisen, Links und Ratschlägen sowie eventuelle Druckfehler keine Haftung.

Das Buch bei GRIN: https://www.grin.com/document/1359427

Big Data Management

Assigment zum Modul DBA62

Die Bedeutung von NoSQL Datenbanken

Merkmale dieses Datenbanktyps und Hintergründe seiner
Entstehung

Autor: **Lukas Wenger**

Ort, Datum: Nürnberg, 05.09.2022

Inhaltsverzeichnis

1 Einleitung

Das Konzept von Datenbanken sind bereits seit ihrer Einführung in den 1960er Jahren aus der Informationstechnologie nicht mehr wegzudenken. Schätzungen zu Folge fallen mehr als die Hälfte der Softwareentwicklungen auf den Bereich der betrieblichen Informationssysteme zurück. Dabei spielen Datenbanken eine wichtige Schlüsselrolle, die als Grundlage für die Datenverwaltung in nahezu jeder Anwendung dient.[1]

Nach aktuellen Prognosen wird sich das Volumen der weltweit erzeugten Datenmengen bis 2025 knapp verdreifachen.[2] In diesem Zug steigen auch die Herausforderungen in der Datenverwaltung. Standarddatenbanken stoßen in Zeiten von Big Data an ihre Grenzen, daher wird das Konzept von relationalen Datenbanken mit den nicht-Standarddatenbanken bzw. not-only-SQL[3] Datenbanken erweitert.

Aufgabe dieses Assigments ist die Vermittlung der Bedeutung sowie die Hintergründe der Entstehung von noSQL-Datenbanken. Zu Beginn werden die zentralen Begrifflichkeiten sowie die Konzepte und Funktionsweisen der unterschiedlichen Datenbankmodelle erarbeitet. Im Anschluss werden Eigenschaften der noSQL-Datenbanken über die verschiedenen Modelle in einem gesonderten Kapitel etwas genauer erläutert. In einem nächsten Schritt wird für jedes Spezifika des noSQL-Datenbankmodells jeweils ein konkretes Anwendungsfelder über ein Praxisbeispiel aus der Wirtschaft aufgezeigt. Schließlich wird eine Gegenüberstellung der beiden Datenbanktypen über den jeweiligen Anwendungszweck sowie der Vor- und Nachteile vorgenommen.

---

[1] Vgl. (Schicker, 2014)
[2] Vgl. (Hack, 2021)
[3] Structured Query Language

2 Übersicht über Datenbanken

In diesem Kapitel möchte ich die Definitionen zu den zentralen Begrifflichkeiten dieser Arbeit erläutern. Darüber hinaus wird ein grundsätzlicher Überblick der Konzepte und Funktionsweisen von Datenbanken gewährt.

Eine Datenbank (DB) ist in erster Linie eine Sammlung von zweckgebundenen Daten, welche im Rahmen einer spezifischen Anwendung verwendet werden. Zweck einer Datenbank umfasst also die Datenorganisation sowie die Datenverwaltung, die über ein Datenbankmanagementsystem (DBMS) realisiert wird. Der Datenzugriff findet über Anfragen auf das DBMS statt, dabei kommt in den meisten Fällen die Datenbanksprache SQL zum Einsatz. Die Gesamtheit aller Anfragen, dem DBMS und der DB selbst nennt man Datenbanksystem (DBS), welches in nachfolgender Grafik dargestellt wird.[4]

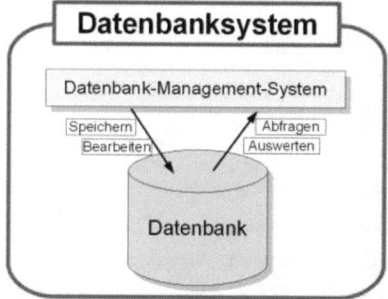

Abbildung 1 – Datenbanksystem[5]

Im Wesentlichen werden **vier Datenbankmodelle** unterschieden, die nach dem logischen Aufbau der Datenbank klassifiziert werden:

- Relationale
- objektorientierte
- Hierarchische und netzwerkartige
- Nicht relationale

Letztere werden ferner als Nicht-Standard bzw. no-SQL Datenbanken bezeichnet.

---

[4] Vgl. (Blaschka, 2006)
[5] Vgl. (Ruf et al., 2021)

2.1 Relationale Datenbanken

Bei **relationalen Datenbanken** bilden die Entitäten, Attribute sowie Relationen das Grundgerüst. Die Daten werden in verschiedenen Themenkreisen (Relationen) tabellenförmig abgespeichert. Die Entitäten sind Objekte (oder auch Personen) aus der realen Welt und bilden die Zeilen der Tabelle. Deren Eigenschaften nennt man Attribute und sind die Spalten der Tabelle. Wenn eine oder mehrere Abhängigkeiten zwischen Entitäten und Relationen bestehen nennt man diese Beziehungen. Die Daten einer relationalen Datenbank lassen sich redundanzfrei abspeichern, dies über den Prozess der Normalisierung gewährleistet – „Normalisierte Tabellen, welche sich in der 3. Normalform befinden, werden als normalisiert bezeichnet".[6] Alle Abfragen und Änderungen folgen dem ACID[7]-Prinzipien, d. h. die Operationen werden atomar, konsistent, isoliert und dauerhaft durchgeführt bzw. auf einem Datenträger gesichert.[8]

2.2 Objektorientierte Datenbanken

Bei der **objektorientierten Datenbank** stehen die Objekte im Mittelpunkt. Der Zustand eines Objekts wird durch Eigenschaften (Attribute) und ausführbare Operationen (Methoden) repräsentiert. Die Objekte können untereinander über die jeweilige öffentliche Schnittstelle kommunizieren, jedoch ist der vollständige Objektzustand für andere Objekte nicht sichtbar – das Prinzip der Kapselung. Darüber hinaus gibt es Klassen, welche gleichartige Objekte zusammenfasst. Attribute und die Methoden sind als Teil einer Klasse zu verstehen. Eine weiteres Merkmal der Objektorientierung sind Klassenhierarchien, die es erlauben Rangordnungen festzulegen. Innerhalb einer Hierarchie werden Attribute und Methoden von oben nach unten vererbt.[9]

---

[6] Vgl. (Steiner, 2021)
[7] Atomacy, Consistency, Isolation, Durability
[8] Vgl. (Reuter, 1983)
[9] Vgl. (Blaschka, 2006)

2.3 Hierarchische Datenbanken

Das **hierarchische Datenbankmodell** basiert auf einer Baumstruktur, welche in Abbildung 2 verdeutlicht wird. Die Wurzel ist der Ursprung des Baums und kann beliebig viele untergeordnete Entitäten besitzen jedoch nicht andersherum. Man spricht von einer 1: n Beziehung, d. h. ein Mitarbeiter ist genau einer Abteilung zugeordnet, jedoch umfasst die Abteilung einen oder mehrere Mitarbeiter.[10] [11]

2.4 Netzwerkartige Datenbanken

Das **netzwerkartige Datenbankmodell** ist eine Fortführung des hierarchischen, da diese Form deutlich mehr Flexibilität bietet. Die gewonnene Flexibilität wirkt sich allerdings auf die Komplexität des Datenbankmodells aus.[12] „Jeder Objekttyp kann in einer Netzstruktur mit beliebig vielen anderen Objekttypen in Beziehung stehen [...]. Netzstrukturen sind in einem Strukturdiagramm daran erkennbar, dass von einem Objekttyp beliebig viele Pfeilsymbole ausgehen können, und dass gleichermaßen unbegrenzt viele Pfeile auf einem Objekttyp landen können."[13]

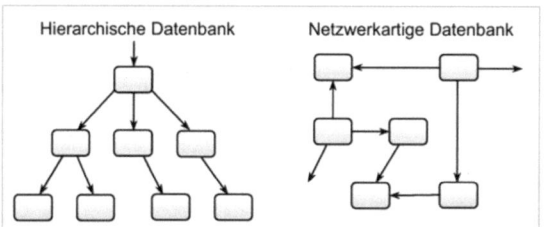

Hierarchische Datenbank   Netzwerkartige Datenbank

Abbildung 2 - Hierarchische und netzwerkartige Datenbanken[14]

Der Vollständigkeit halber existieren darüber hinaus die **nicht relationalen** bzw. noSQL Datenbanken, welche in den nachfolgenden Kapiteln noch näher beleuchtet, aus diesem Grund werden sie an dieser Stelle übersprungen.

---

[10] Vgl. (Niedereichholz et al., 1992)
[11] Aus Gründen der besseren Lesbarkeit wird bei Personenbezeichnungen und personenbezogenen Hauptwörtern die männliche Form verwendet. Entsprechende Begriffe gelten im Sinne der Gleichbehandlung grundsätzlich gleichermaßen für alle Geschlechter.
[12] Vgl. (Schicker, 2017)
[13] Vgl. (Kundlich, 1988)
[14] Vgl. (Schicker, 2017)

3 Merkmale von noSQL-Datenbanken

Im Zuge von exponentiell wachsenden Datenmengen stoßen relationale Datenbanken an ihre Grenzen und sind nicht immer die optimale Lösung. Für die Verwaltung von schnell anwachsenden Datenmengen insbesondere von unstrukturierter Informationen eignen sich noSQL Datenbanken, welche im Folgenden beschrieben werden.

Über die Definition von noSQL Datenbanken lässt sich bis heute streiten, da es in der Literatur verschiedene Definitionsversuche gibt, die sich in der Eigenschaftsprägung unterscheiden. Oft wird das „no" als buchstäbliches „nein" gewertet, wobei sich die Fachwelt inzwischen auf „not only" als Standard geeinigt hat. Es werden also Datenbankmodelle, die zusätzliche Funktionen über den eigentlichen Anwendungszweck von SQL hinaus unter dem Begriff noSQL zusammengefasst.[15] Inzwischen unterscheidet man zwischen vier wichtigen Kernkategorien, die im Folgenden erläutert werden.

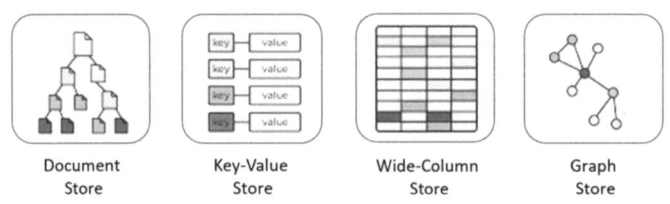

| Document
Store | Key-Value
Store | Wide-Column
Store | Graph
Store |

Abbildung 3 - NoSQL Datenmodelle[16]

3.1 Key-Value Store

Eine Schlüssel-Wert-Datenbank bzw. ein Schlüssel-Wert-Speicher ist ein Datenspeicherparadigma zum Speichern, Abrufen und Verwalten einer Datenstruktur, die heute allgemein als Hash-Tabelle bekannt ist. Die Hash-Tabelle enthält eine Sammlung von Objekten oder Datensätzen, die wiederum viele verschiedene Felder enthalten, die jeweils Daten enthalten. Diese Datensätze werden unter Verwendung eines Schlüssels gespeichert und abgerufen, der den Datensatz eindeutig identifiziert und zum Auffinden

---

[15] Vgl. (Pürner, 2013)
[16] Vgl. (Vettor et al., 2022)

der Daten in der Datenbank verwendet wird. Die Datenstruktur ist dabei anwendungs-unabhängig und kann daher verschiedene Formen besitzen. Ziel dieser Schlüsselwert-paare ist die maximale Vereinfachung innerhalb der Datenverwaltung.[17]

3.2 Document Stores

Basierend auf dem System der Schlüsselpaare (Key- Value-Datenbanken) existieren darüber hinaus die dokumentorientierten Datenbanken. Jedoch differenzieren sie sich über die Zusammenführung von mehreren Schlüsselpaaren, d. h. es existieren zwar eindeutig identifizierbare Schlüssel, allerdings können dieselben Schlüssel mehrmals in unterschiedlichen Dokumenten vorkommen. Eine dokumentenorientierte Datenbank oder ist eine moderne Möglichkeit, Daten im JSON-Format, statt in einfachen Zeilen und Spalten zu speichern. Es wird ermöglicht, Daten in ihrer natürlichen Form so auszu-drücken, was sich ideal für die Anwendung von großen Datenmengen eignet. Ähnlich wie in der Key-Value-Datenbank herrscht eine komplette Schemafreiheit. [18]

3.3 Column-Family-System

Eine Column-Family-System bzw. ein Wide-Column-Store erinnert auf den ersten Blick an eine relationale Datenbank, da diese Art der Speicherung ebenfalls mit Tabellen, Zeilen und Spalten arbeitet. Ganz im Gegensatz zu einer relationalen Datenbank kön-nen die Namen und das Format der Spalten von Zeile zu Zeile in derselben Tabelle va-riieren. Die physische Datenorganisation ist also spaltenorientiert d. h. alle Ausprägun-gen eines Attributs werden gemeinsam gespeichert. Das bringt Laufzeitvorteile für Ana-lysen mit sich, bei denen häufig Werte über Spalten aggregiert werden, insbesondere wenn für die Auswertung ohnehin wenige Spalten benötigt werden. Einer der Nachteile ist hingegen ist, die aufwendigere Suche aller Attribute eines Objekts. Der Ursprung die-ses Systems ging auf das Bedürfnis „[…] nach einem flexiblen System mit hoher Per-fomance und Verfügbarkeit beim Umgang mit Daten im Petabyte-Bereich verstreut auf tausend Cluster-Knoten […]" zurück. Einige Beispiele von spaltenorientierten Datenban-ken sind bspw. die Google Big Tables, welche in Google-Diensten wie Maps, Earth oder Youtube zum Einsatz kommen.

---

[17] Vgl. (Steven et al., 2020)
[18] Vgl. (Edlich et al., 2011)

3.4 Graphendatenbanken

Die Motivation hinter Graphendatenbanken ging aus den Schwächen von relationalen sowie teilweise einiger anderer noSQL-Konzepte im Umgang mit stark verknüpften Daten hervor.

Die Datenmenge ist in der Regel eher klein gehalten und dabei komplex miteinander verbunden. Aus diesem Grund laufen sie meist auf Ein-Server-Architekturen, da sie sich so einfacher partitionieren lassen.[19] Innerhalb einer Graphendatenbank (englisch: graph store) werden Daten in einer netzwerkartigen Struktur abgespeichert. Ein Netzwerkgraph ist ein visuelles Konstrukt, das aus Knoten und Kanten besteht. Jeder Knoten repräsentiert eine Entität (z. B. eine Person) und jede Kante repräsentiert eine Verbindung oder Beziehung zwischen zwei Knoten. Die Struktur einer Graphdatenbank wird auch als Triple Stores bezeichnet. Das liegt daran, dass diese Art von Datenbank einen speziellen Index verwendet, der Informationen über Knoten, Kanten und die Beziehung zwischen ihnen in Dreiergruppen speichert. Ein Tripel hat drei Hauptfelder: ein Subjekt, ein Prädikat und ein Objekt. Jedes Subjekt, Prädikat oder Objekt wird durch eine eindeutige Ressourcenkennung repräsentiert (Abbildung 4).

Anmerkung der Redaktion: Abbildung wurde
aus urheberrechtlichen Gründen entfernt.

Abbildung 4 – Knoten und Kanten einer graph store database

Graphdatenbanken eignen sich gut zur Analyse von Zusammenhängen, weshalb es großes Interesse gibt, Graphdatenbanken zum Mining von Daten aus sozialen Medien zu verwenden. Graph stores sind auch nützlich für die Arbeit mit Daten in Geschäftsdisziplinen, die komplexe Beziehungen und dynamische Schemata beinhalten, wie z. B. Lieferkettenmanagement oder Empfehlungsmaschinen. [20]

---

[19] Vgl. (Sadalage et al., 2012)
[20] Vgl. (Rouse, 2015)

4 Anwendungsfelder von noSQL-Datenbanken

Die Grundlagen über die jeweiligen Merkmale von Datenbanken sind nun geschaffen. Im Folgenden wird nun jedem Datenbankmodell aus dem vorherigen Kapitel ein spezifisches Anwendungsfeld zugeordnet.

4.1 Message broker via Redis

Ein Message Broker ist ein zwischengeschaltetes Computerprogrammmodul, das eine Nachricht vom formalen Messaging-Protokoll des Senders in das formale Messaging-Protokoll des Empfängers übersetzt. Nachrichtenbroker sind Elemente in Netzwerken, in denen Softwareanwendungen durch den Austausch formal definierter Nachrichten kommunizieren.[21] Ein Beispiel für diese Form von DBMS ist Redis, welche u. a. von Twitter, Github sowie Flickr genutzt wird.[22] Redis ist eine Open-Source Key-Value-Datenstrukturspeicher, der als Datenbank, Cache oder Message Broker verwendet werden kann.[23]

4.2 Analysen von Anwendungsdaten über MongoDB

MongoDB ist ein Open-Source Datenverwaltungsprogramm. Die Basis dafür bildet ein dokumentenorientiertes DBMS, welches sich ideal für den Umgang mit großen Datenmengen eignet. Die Anwendung kann vielseitig sein, wobei eines der Spezialgebiete die Analyse von Anwendungsdaten bildet.[24]

Mit MongoDB können aus Anwendungsdaten über eine operationale Analyse Erkenntnisse aus Datenquellen gewonnen werden, um die Entscheidungsfindung für den täglichen Betrieb eines Unternehmens zu verbessern. Entwicklungs- und Produktteams gewinnen Erkenntnisse aus Anwendungsnutzungsdaten, um Produktentscheidungen zu treffen und Funktionen und Verbesserungen schnell einzuführen. Vermarkter übersetzen Erkenntnisse aus Website- und Warenkorbdaten spontan in digitale Kampagnen. Betriebsteams verfolgen Auftrags- und Versanddaten, um täglich erforderliche Anpassungen zu ermitteln. Support-Teams verbessern die Erfahrung ihrer Kunden, indem sie Einblicke in Tickets, Probleme und Anrufdaten gewinnen. Unabhängig vom Anwendungsfall

---

[21] Vgl. (IBM Cloud Education, 2020)

[22] Vgl. (Hansen et al., 2019)

[23] Vgl. (Redis Ltd, 2022)

[24] Vgl. (Botelho, 2020)

werden die Daten, die diese Erkenntnisse liefern, in Anwendungen erfasst – daher müssen Unternehmen ihre Betriebsanalysen auf Anwendungsdaten stützen. Mit MongoDB können Unternehmen darüber hinaus alle vorhandenen Daten analysieren und Erkenntnisse in Echtzeit liefern. Durch die Kombination von Daten aus Echtzeitereignissen mit historischen Datensätzen und Referenzdatensätzen können Unternehmen Abfragen optimieren, um schnell umsetzbare Ergebnisse zu liefern. Dies führt zu besseren Einblicken und einer besseren Kundenbindung. Schließlich können die Analysen über den MongoDB Atlas integriert und visualisiert werden. Dazu werden den Benutzern relevante Daten zur Verfügung gestellt. Charts bieten nahtlos eingebettete Analysefunktionen, die es den Benutzern ermöglicht, sich auf das Endbenutzererlebnis zu konzentrieren, und nicht auf die dahinterstehende Infrastruktur.[25]

4.3 Machine Learning über BigTables

BigTables ist ein von Google selbst entwickeltes noSQL Datenbanksystem, welches als Grundlage für viele Google-Dienste Anwendung findet. Das System ist auf große Datenmengen im Petabyte Bereich ausgelegt.[26]

In diesem Anwendungsfall werden wir untersuchen, wie Big Tables einen Finanzbetrug aufdecken kann. Generell werden dafür machine learning Algorithmen angewandt für die schnelle und leicht skalierbare Datenbanken von Vorteil sind. Eine Herausforderung der Finanzkonzerne besteht in der Verwaltung von großen Datenmengen. Jeder Neukunde bringt neue Daten mit ins System. Einige dieser Kunden bringen Tausende von Geschäften, Milliardenbeträge an Einnahmen und millionenfache Transaktionen pro Tag. Wenn ein Kunde eine Bestellung tätigt, benötigt die Finanzfirma so viel Daten wie möglich über diesen Kunden, um einen möglichen Betrug zu erkennen. Diese Daten werden in ein Machine-Learning-Modell weitergereicht. Zugleich muss dieser Vorgang so schnell wie möglich prozessiert werden, da man den Kunden nicht zumuten kann minutenlang zu warten. Einer der Vorteile von Big Tables zeigt sich in einer hohen Geschwindigkeit von Lese- und Schreibvorgängen bei gleichzeitig geringer Latenz. Der Durchsatz lässt sich dabei dynamisch anpassen über das Hinzufügen oder Entfernen eines Clusterknoten.[27]

---

[25] Vgl. (MongoDB Inc., 2022)
[26] Vgl. (Luber et al., 2017)
[27] Vgl. (Matsumoto, 2021)

4.4 Social network analytic via neo4j

Eine der ältesten Graphdatenbanken ist neo4j. In diesem Anwendungsfall wird der Prototyp SocialBee aufzeigen, wie man herausfindet was sich innerhalb einer Beziehung zwischen zwei Menschen abspielt.[28]

Die herkömmliche Social-Media-Analyse ignoriert den Ton und das Thema einer Konversation. Basierend auf den Faktoren der Häufigkeit und Richtung könnte man sich denken, dass die Beziehungen ähnlich sind – jedoch wird man sich wahrscheinlich etwas mehr Zeit nehmen, um die E-Mails des CEO zu lesen, als die der IT-Abteilung

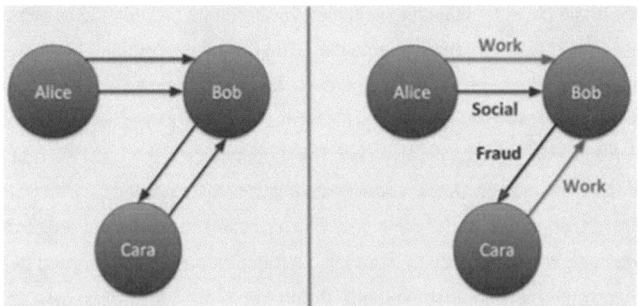

Abbildung 5 social network analytic vs SocialBee

Links ist die traditionelle Netzwerkanalyse und rechts die Analyse von SocialBee. Über die Themenmodellierung werden unstrukturierte Kommunikationsdaten in strukturierte Daten umgewandelt, um damit die Beziehungen mit diesen Informationen anzureichern. In diesem Beispiel sendet Alice Bob eine E-Mail über Arbeit und soziale Dinge, Bob sendet Cara eine E-Mail über die Arbeit, aber auch über Betrug, aber Bob sendet niemals eine E-Mail an Alice. Ein hilfreicher Nebeneffekt dieser Technik ist, dass Beziehungen basierend auf Verhaltensähnlichkeiten vorhersagbar werden. Alice und Cara sind beispielsweise keine Freunde, aber sie haben gemeinsame Freunde, sodass sie sich vielleicht kennen.[29]

---

[28] Vgl. (Edlich et al., 2011)
[29] Vgl. (Drummer, 2019)

5 Gegenüberstellung der Datenbanktypen

In diesem abschließenden Kapitel werden nun die Vor- und Nachteil der jeweils vorgestellten Merkmale der Datenbanktypen gegenübergestellt.

Sowohl relationale als auch nicht-Standard-Datenbanken, sind zunächst zwei grundverschiedene Datenbanktypen, die jedoch beide ihre Daseinsberechtigung besitzen. Sie sind unterschiedlich aufgebaut, speichern Daten anders und auf die Daten wird unterschiedlich zugegriffen. Das kann je nach Anwendungsform sowohl Vorteile als auch Nachteile mit sich bringen.

Die relationale Datenbank ist am weitesten verbreitet und hat sich seit mehreren Dekaden im breiten Massenmarkt implementiert. Die Daten werden über ein festes Schema in Tabellenform abgespeichert. Nach diesem Schema werden die Daten über SQL abgerufen. Die strikte Anwendung der ACID-Prinzipien bringt eine hohe Datenkonsistenz und -verfügbarkeit mit sich jedoch keine Partitionstoleranz, d. h. „sie werden in der Regal auf einem einzelnen Server bereitgestellt und vertikal skaliert […]." [30] Schwächen hingegen ergeben sich in der bedingten Skalierbarkeit sowie der Datenspeicherung und -Verarbeitung sehr großer Datenmengen. Darüber hinaus ist es aufgrund des festen Schemas kaum möglich unstrukturierte Daten wie Bilder oder Dokumente zu speichern. Im Umfeld von Big Data sind relationale Datenbanken seltener zu finden, da für diesen Zweck noSQL-Datenbanken verstärkt zur Anwendung kommen. [31]

NoSQL Datenbanken hingegen sind darauf ausgelegt große und exponentiell wachsende Datenmengen zu verarbeiten. Vorteile im Vergleich zum relationalen Datenbanktyp sind „die horizontale Skalierbarkeit, das Vermeiden von unnötiger Komplexität, eine hohe Performance und ein hoher Durchsatz, die Nutzung von allgemein gebräuchlicher Hardware und die Einfachheit in der Installation und Konfiguration von verteilten Datenbankcluster". Die Hauptunterscheidungsmerkmale sind die effiziente Skalierung, eine auf verteilte Architektur ausgelegte Speichermöglichkeit. Darüber hinaus kommen die ACID-Prinzipien nicht zum Einsatz und es wird schemafrei agiert, was maßgeblich zur Flexibilität dieses Datenbanktyps beiträgt. [32]

---

[30] Vgl. (Vettor et al., 2022)
[31] Vgl. (Luber et al., 2017)
[32] Vgl. (Luber et al.,2017)

6   Zusammenfassung und Fazit

In dieser Arbeit wurde der Frage nachgegangen welche Bedeutung noSQL Datenbanken in der heutigen Zeit besitzen. Dazu wurde zunächst ein Überblick über die relationalen Datenbanken gegeben. In einem nächsten Schritt die Merkmale von noSQL-Datenbanken erläutert. Im weiteren Verlauf wurden die spezifischen Anwendungsfelder
der Nicht-Standard-Datenbanken aufgezeigt. Dabei wurde aufgezeigt, dass der eigentli-
che Durchbruch von noSQL-Datenbanken mit dem steigenden Bedarf an großen Datenmengen begann. Relationale Datenbanken sind unflexibel im Rahmen der Datenverwaltung. Die Datenspeicherung wird überwiegend über Tabellen mit Spalten und Zeilen realisiert, während noSQL-Datenbanken hingegen deutlich flexiblere Datenspeichermög-
lichkeiten bildet das können bspw. Wertepaare, Objekte sowie Dokumente, Liste oder
Reihen sein. Darüber hinaus eignen sich noSQL-Datenbanken für einen spezifischen
Anwendungszweck, bei der relationale Datenbanken an ihre Grenzen stoßen. Zusam-
menfassend kann man sagen, dass die Vorteile von noSQL-Datenbanken in den speziellen Anwendungsgebieten aufgrund ihrer Datenverwaltung sowie – speicherung überwiegen. Wohingegen die Vorteile von relationalen Datenbanken bei strukturierten und
geringe Datenmengen überwiegen.

Kritisch anzumerken ist, dass wir uns in einer dynamischen sich selbst erneuerbaren
Welt der Nicht-Standard-Datenbanken befinden und sich die Entwicklung lediglich auf
Basis, der sich anbahnenden Einsatzmöglichkeiten stützen, demnach ist dies mehr als
subjektive Einschätzung als eine wissenschaftliche Recherche zu deuten. Für die Lite-
raturanalyse wurde sich hauptsächlich auf die Springer-Gabler Journaldatenbank ge-
stützt. Methodisch betrachtet könnte dies dazu führen, dass wichtige Befunde in anderen Quellen oder Fachgebieten ungeachtet Bleiben.

Zusätzlich stützt sich diese Hausarbeit auf Literatur, die teilweise einige Jahre in der
Vergangenheit liegen und sich aufgrund der Dynamik innerhalb des Themenbereichs
neue Erkenntnisse ergeben können.

Literaturverzeichnis

Blaschka, Dr. Markus. 2006. *Grundlagen von Datenbanksystemen.* Stuttgart : AKAD Bildungsgesellschaft mbH, 2006.

Botelho, Bridget. 2020. [Online] August 2020. [Zitat vom: 23. August 2022.] https://www.techtarget.com/searchdatamanagement/definition/MongoDB.

Drummer, Laura. 2019. [Online] 13. März 2019. [Zitat vom: 1. Septermber 2022.] https://neo4j.com/blog/sentiment-social-network-analysis/.

Edlich, Stefan, et al. 2011. *noSQL.* Berlin : Hanser-Verlag, 2011. 978-3-446-42855-3.

Edlich, Stefan, et al. 2011. *NoSQL: Einstieg in die Welt nichtrelationaler Web 2.0 Datenbanken.* München : Carl Hanser Verlag, 2011. 978-3446423558.

Hack, Ulrike. 2021. [Online] 8. September 2021. [Zitat vom: 17. Juli 2022.] https://www.red-gate.com/blog/database-development/whats-the-real-story-behind-the-explosive-growth-of-data.

Hansen, Hans, Mendling, Jan und Neumann, Gustaf. 2019. *Wirtschaftsinformatik.* s.l. : De Gruyter Mouton, 2019. ISBN 978-3-11-058734-0.

IBM Cloud Education. 2020. [Online] 23. Januar 2020. [Zitat vom: 8. August 2022.] https://www.ibm.com/de-de/cloud/learn/message-brokers.

Kundlich, Hermann. 1988. *Datenbank-Design.* Wien : Springer-Verlag, 1988. ISBN 978-3-7091-8937-5.

Luber, Stefan und Litzel, Nico. 2017. [Online] 12. Juni 2017. [Zitat vom: 4. September 2022.] https://www.bigdata-insider.de/was-ist-nosql-a-615718/.

Luber, Stephan und Litzel, Nico. 2017. [Online] 5. September 2017. [Zitat vom: 29. August 2022.] https://www.bigdata-insider.de/was-ist-bigtable-a-640209/.

Matsumoto, Ryan. 2021. [Online] 20. November 2021. [Zitat vom: 29. August 2022.] https://www.youtube.com/watch?v=sSx_ZbGYTVU.

MongoDB Inc. 2022. [Online] 2022. [Zitat vom: 23. August 2022.] https://www.mongodb.com/use-cases/analytics/operational-analytics.

Niedereichholz, Joachim und Kauchy, Gerhard. 1992. *Datenbanksysteme.* Heidelberg : s.n., 1992. ISBN 978-3-642-86095-9.

Pürner, Heinz Axel. 2013. [Online] . März 2013. [Zitat vom: 23. Juli 2022.] https://www.computerwoche.de/a/nosql-die-neue-alte-datenbank-generation,2497315.

Redit Ltd. 2022. [Online] 2022. [Zitat vom: 28. Juli 2022.] https://redis.com/nosql/what-is-nosql/#:~:text=What%20is%20Redis%20NoSQL%3F,It's%20a%20NoSQL%20database..

Reuter, Andreas. 1983. Principles of Transaction-oriented Database Recovery. *ACM Computing.* 4, 1983, Bd. 15.

Rouse, Margaret. 2015. [Online] 8. September 2015. [Zitat vom: 22. August 2022.] https://www.techtarget.com/whatis/definition/graph-database.

Ruf, Alexander, et al. 2021. *Informatik 2.* Stuttgart : Klett Verlag, 2021. ISBN: 978-3-12-731146-4.

Sadalage, Pramod J. und Fowler, Martin. 2012. *NoSQL Distilled: A Brief Guide to the Emerging World of Polyglot Persistence.* s.l. : Adison-Wesley Professiona^l, 2012. ISBN 0978-0-321-82662-6.

Schicker, Edwin. 2014. *Datenbanken und SQL.* Regensburg : Springer Vieweg, 2014. ISBN 978-3-8348-2185-0.

Steiner, René. 2021. *Grundkurs relationale Datenbanken.* Villmergen : Springer Vieweg, 2021. ISBN 978-3-658-32833-7.

Steven, Marion und Klünder, Timo. 2020. *Big Data - Anwendung und Nutzungspotenziale in der Produktoin.* Stuttgart : W. Kohlhammer GmbH, 2020. ISBN 978-3-17-036477-6.

Vettor, Rob und Smith, Steve. 2022. *Architecting cloud-native .NET apps for azure.* Washington : Microsoft Corporation, 2022. Version 1.0.

BEI GRIN MACHT SICH IHR WISSEN BEZAHLT

- Wir veröffentlichen Ihre Hausarbeit,
  Bachelor- und Masterarbeit

- Ihr eigenes eBook und Buch -
  weltweit in allen wichtigen Shops

- Verdienen Sie an jedem Verkauf

Jetzt bei www.GRIN.com hochladen und kostenlos publizieren